El mejor

para freír con aire

Deliciosas Recetas Rápidas y Fáciles de la Freidora de Aire para Diabéticos. Reduzca el colesterol, sane su cuerpo y recupere la confianza para empezar a vivir un estilo de vida adecuado.

Tanya Hackett

Índice de contenidos

INTRODUCCIÓN 10

- Salmón a la mostaza con miel 16
- Tilapia clásica 18
- Filetes de pescado con costra de coco 20
- Patatas de atún 23
- Pescado con verduras 25
- Salmón balsámico 28
- Filetes de pescado al Dijon 30
- Cena perfecta de salmón 32
- Almejas al vapor 35
- Calabacín al curry 37
- Patatas fritas de zanahoria saludables 39
- Patatas rellenas sencillas 41
- Zanahorias asadas sencillas 43
- Brócoli y queso 45
- Plátanos fritos 46
- Espárragos envueltos en tocino 48
- Maíz asado al aire libre en la mazorca 50
- Judías verdes y beicon 52
- Zanahorias asadas con miel al aire libre 54
- Col asada al aire libre 56
- Tomates rellenos de burrata 58
- Brócoli con queso parmesano 60
- Brócoli caramelizado 62
- Coles de Bruselas con aceite balsámico 64
- Calabaza con especias 66
- Champiñones al ajo y al tomillo 68
- Chips de calabacín y parmesano 70
- Patatas fritas con jícama 72
- Corteza de pizza de coliflor 74
- Col de Milán y tomates 76
- Filete de coliflor 78
- Tomate, aguacate y judías verdes 80
- Judías verdes con eneldo y ajo 82
- Apilamiento de berenjenas 84
- Espaguetis fritos al aire libre 86
- Ensalada de remolacha y queso azul 88

Ensalada de brócoli 90
Coles de Bruselas asadas con tomate 91
Coles de Bruselas con queso 93
Plato de zanahorias baby dulces 94
Puerros sazonados 96
Patatas crujientes y perejil 98
Tomates con ajo 99
Judías verdes y patatas fáciles 101
Judías verdes y tomates 103
Espárragos aromatizados 105
Patatas fritas con aguacate 107
Tots de espagueti de calabaza 109
Patatas fritas de calabaza a la canela 111
Pimientos de limón 113

PLAN DE COMIDAS DE 30 DÍAS 115

Copyright 2020 por **Tanya Hackett**

- Todos los derechos reservados.

El siguiente Libro se reproduce a continuación con el objetivo de proporcionar información lo más precisa y fiable posible. Sin embargo, la compra de este libro puede considerarse como un consentimiento al hecho de que tanto el editor como el autor de este libro no son de ninguna manera expertos en los temas discutidos en el mismo y que cualquier recomendación o sugerencia que se hace aquí es sólo para fines de entretenimiento. Se debe consultar a los profesionales que sean necesarios antes de emprender cualquier acción respaldada en este libro.

Esta declaración es considerada justa y válida tanto por la American Bar Association como por el Comité de la Asociación de Editores y es legalmente vinculante en todo Estados Unidos.

Además, la transmisión, duplicación o reproducción de cualquiera de las siguientes obras, incluida la información específica, se considerará un acto ilegal, independientemente de si se realiza de forma electrónica o impresa. Esto se extiende a la creación de una copia secundaria o terciaria de la obra o de una copia grabada y sólo se permite con el consentimiento expreso por escrito de la Editorial. Todos los derechos adicionales están reservados.

La información contenida en las siguientes páginas se considera, en términos generales, una exposición veraz y exacta de los hechos y, como tal, cualquier falta de atención, uso o mal uso de la información en cuestión por parte del lector hará que cualquier acción resultante sea únicamente de su incumbencia. No existe ningún escenario en el que el editor o el autor original de esta obra puedan ser considerados de alguna manera responsables de cualquier dificultad o daño que pueda ocurrirles después de emprender la información aquí descrita.

Además, la información contenida en las páginas siguientes tiene únicamente fines informativos, por lo que debe considerarse universal. Como corresponde a su naturaleza, se presenta sin garantía de su validez prolongada ni de su calidad provisional. Las marcas comerciales que se mencionan se hacen sin el consentimiento por escrito y no pueden considerarse en modo alguno como un respaldo del titular de la marca.

Introducción

La freidora de aire es un aparato de cocina relativamente nuevo que ha demostrado ser muy popular entre los consumidores. Aunque hay muchas variedades disponibles, la mayoría de las freidoras de aire comparten muchas características comunes. Todas tienen elementos calefactores que hacen circular aire caliente para cocinar los alimentos. La mayoría vienen con ajustes preprogramados que ayudan a los usuarios a preparar una amplia variedad de alimentos.

La fritura al aire es un estilo de cocina más saludable porque utiliza menos aceite que los métodos tradicionales de fritura. Además de conservar el sabor y la calidad de los alimentos, reduce la cantidad de grasa utilizada en la cocción. La fritura al aire es un método común para "freír" alimentos que se elaboran principalmente con huevos y harina. Estos alimentos pueden quedar blandos o crujientes a su gusto utilizando este método.

Cómo funcionan las freidoras de aire

Las freidoras de aire utilizan un soplador para hacer circular aire caliente alrededor de los alimentos. El aire caliente calienta la humedad de los alimentos hasta que se evapora y crea vapor. A medida que el vapor se acumula alrededor de los alimentos, crea una presión que extrae la humedad de la superficie de los alimentos y la aleja del centro, formando pequeñas burbujas. Las burbujas crean una capa de aire que rodea el alimento y crea una corteza crujiente.

Elegir una freidora de aire

A la hora de elegir una freidora de aire, busque una que tenga buenas opiniones sobre la satisfacción de los clientes. Comience por las características que necesita, como la potencia, el tamaño de la capacidad y los accesorios. Busque una que sea fácil de usar. Algunas freidoras de aire del mercado tienen un temporizador incorporado y una temperatura ajustable. Busque una que tenga un embudo para recoger la grasa, una cesta apta para el lavavajillas y piezas fáciles de limpiar.

Cómo utilizar una freidora de aire

Para obtener los mejores resultados, precaliente la freidora de aire a 400 F durante 10 minutos. El precalentamiento de la freidora de aire permite alcanzar la temperatura adecuada más rápidamente. Además, precalentar la freidora de aire es esencial para asegurar que su comida no se queme.

Cómo cocinar cosas en una freidora de aire

Si aún no tienes una freidora de aire, puedes empezar a jugar con tus hornos echando unas patatas fritas congeladas y cocinándolas hasta que se doren uniformemente. Dependiendo de tu horno, echa un vistazo a la temperatura. Puede que tengas que aumentar o disminuir el tiempo.

¿Qué alimentos se pueden cocinar en una freidora de aire?

Huevos: Aunque puedes cocinar huevos en una freidora de aire, no lo recomendamos porque no puedes controlar el tiempo y la temperatura de cocción con tanta precisión como con una sartén tradicional. Es mucho más fácil que los huevos se cocinen de forma desigual. Tampoco puedes añadir salsas o condimentos y no obtendrás bordes dorados y crujientes.

Alimentos congelados: Generalmente, los alimentos congelados se cocinan mejor en el horno convencional porque necesitan alcanzar una determinada temperatura para cocinarse correctamente. La freidora de aire no es capaz de alcanzar temperaturas que hagan que los alimentos se cocinen completamente.

Alimentos deshidratados: Los alimentos deshidratados requieren una fritura profunda, algo que no se puede hacer con una freidora de aire. Cuando se trata de cocinar alimentos deshidratados, la freidora de aire no es la mejor opción.

Verduras: Puedes cocinar verduras en una freidora de aire, pero tienes que asegurarte de que la freidora de aire no está ajustada a una temperatura que las queme.

Para asegurarse de que las verduras no se cocinan en exceso, ponga en marcha la freidora de aire con la cesta apagada, y luego eche las verduras una vez que el aire se haya calentado y ya no haya puntos fríos. Asegúrese de remover las verduras cada pocos minutos. Cocinarlas en la cesta también es una opción, pero pueden pegarse un poco.

Patatas fritas: Freír las patatas fritas en una freidora de aire es una buena manera de conseguir patatas fritas crujientes y doradas sin añadir mucho aceite. En comparación con la fritura convencional, la fritura al aire libre aporta menos calorías.

Para cocinar las patatas fritas en una freidora de aire, utilice una cesta o una rejilla y vierta suficiente aceite para que llegue hasta la mitad de la altura de las patatas. Para obtener los mejores resultados, asegúrese de que las patatas fritas estén congeladas. Ponga la freidora de aire a 400 grados y programe 12 minutos. Si las quiere muy crujientes, puede programar 18 minutos, pero pueden quemarse un poco.

Beneficios de una freidora de aire:

- Es una de las formas más fáciles de cocinar alimentos saludables. Si se utiliza 4 o 5 veces por semana, es una opción más saludable que freír con aceite en el horno convencional o utilizar alimentos enlatados.

- Las freidoras de aire son una forma fácil de servir comida sabrosa que no ocupa mucho espacio. Las freidoras de aire permiten cocinar el triple de comida que en el microondas.

- Las freidoras de aire ocupan poco espacio y se pueden guardar en un armario cuando no se utilizan.

-Son aparatos de cocina versátiles. Puedes utilizarlos para cocinar alimentos para el almuerzo, la cena y los aperitivos.

- Las freidoras de aire requieren poco o ningún esfuerzo en la cocina. Puedes usarlas con la tapa puesta, lo que significa que hay que lavar menos.

Salmón a la mostaza con miel

Tiempo de preparación: 10 minutos

Tiempo de cocción: 9 minutos

Raciones: 2

Ingredientes:

- 2 filetes de salmón
- 2 cucharadas de mostaza de Dijon
- 2 cucharadas de miel
- 1/4 de taza de mayonesa

- Sal y pimienta

Direcciones:

1. En un plato pequeño, mezcle la mostaza, la miel, la mayonesa, la pimienta y la sal y pincélelo sobre el salmón.
2. Coloque la bandeja de deshidratación en una cesta de freidora de aire de varios niveles y coloque la cesta en la freidora de aire.
3. Colocar los filetes de salmón en la bandeja de deshidratación.
4. Selle la olla con la tapa de la freidora de aire y seleccione el modo de freír por aire, luego ajuste la temperatura a 350 f y el temporizador para 9 minutos.
5. Servir y disfrutar.

La nutrición:

Calorías 424

Grasa 21,4 g

Carbohidratos 25,2 g

Azúcar 19,3 g

Proteínas 35,5 g

Colesterol 86 mg

Tilapia clásica

Tiempo de preparación: 10 minutos

Tiempo de cocción: 8 minutos

Raciones: 2

Ingredientes:
- 2 filetes de tilapia
- 1 taza de pan rallado
- 2 cucharadas de aceite de oliva

Direcciones:
1. Unte los filetes de pescado con aceite y luego páselos por el pan rallado.
2. Coloque la bandeja de deshidratación en una cesta de freidora de aire de varios niveles y coloque la cesta en la freidora de aire.
3. Colocar los filetes de pescado recubiertos en la bandeja de deshidratación.
4. Selle la olla con la tapa de la freidora de aire y seleccione el modo de freír por aire, luego ajuste la temperatura a 370 f y el temporizador para 8 minutos.
5. Servir y disfrutar.

La nutrición:

Calorías 426

Grasa 17,9 g

Carbohidratos 38,9 g

Azúcar 3,4 g

Proteína 28,2 g

Colesterol 55 mg

Filetes de pescado con costra de coco

Tiempo de preparación: 10 minutos
Tiempo de cocción: 8 minutos
Raciones: 2
Ingredientes:

- 2 filetes de tilapia
- 1 huevo ligeramente batido
- 1/4 de taza de harina de coco
- 1/2 taza de coco en copos

- Sal

Direcciones:

1. En un plato pequeño, mezcle la harina de coco, el coco en copos y la sal.
2. Pasar los filetes de pescado por el huevo y luego por la mezcla de harina de coco.
3. Coloque la bandeja de deshidratación en una cesta de freidora de aire de varios niveles y coloque la cesta en la freidora de aire.
4. Colocar los filetes de pescado recubiertos en la bandeja de deshidratación.
5. Selle la olla con la tapa de la freidora de aire y seleccione el modo de freír con aire, luego ajuste la temperatura a 400 f y el temporizador para 8 minutos. Gire los filetes de pescado a mitad de camino.
6. Servir y disfrutar.

La nutrición:

Calorías 255

Grasa 11,4 g

Carbohidratos 13,2 g

Azúcar 1,4 g

Proteína 26,5 g

Colesterol 137 mg

Patatas de atún

Tiempo de preparación: 10 minutos
Tiempo de cocción: 6 minutos
Porciones: 4
Ingredientes:

- 1 huevo ligeramente batido
- 1/4 de taza de pan rallado
- 1 cucharada de mostaza
- Oz lata de atún, escurrido
- Sal y pimienta

Direcciones:

1. Poner todos los ingredientes en el bol de la batidora y mezclar hasta que estén bien combinados.
2. Hacer cuatro hamburguesas con la mezcla y colocarlas en un plato.
3. Coloque la bandeja de deshidratación en una cesta de freidora de aire de varios niveles y coloque la cesta en la freidora de aire.
4. Colocar las hamburguesas de atún en la bandeja de deshidratación.

5. Selle la olla con la tapa de la freidora de aire y seleccione el modo de freír con aire, luego ajuste la temperatura a 400 f y el temporizador durante 6 minutos. Gire las hamburguesas a mitad de camino.
6. Servir y disfrutar.

La nutrición:

Calorías 113

Grasa 2,7 g

Carbohidratos 5,9 g

Azúcar 0,7 g

Proteína 15,6 g

Colesterol 56 mg

Pescado con verduras

Tiempo de preparación: 10 minutos

Tiempo de cocción: 25 minutos

Porciones: 4

Ingredientes:

- 1/2 libra de filete de bacalao, cortado en cuatro trozos
- 1 taza de tomates cherry
- 2 cucharadas de aceite de oliva
- 1 taza de patatas pequeñas, cortadas en dados
- Sal y pimienta

Direcciones:

1. Forre la cesta de la freidora de aire de varios niveles con papel de aluminio.
2. Mezcle las patatas con la mitad del aceite de oliva y añádalo a la cesta de la freidora de aire y coloque la cesta en la freidora de aire.
3. Selle la olla con la tapa de la freidora de aire y seleccione el modo de horneado, luego ajuste la temperatura a 380 f y el temporizador durante 15 minutos.
4. Añade el bacalao y los tomates cherry en la cesta.
5. Rociar con el aceite sobrante y sazonar con pimienta y sal.
6. Selle la olla con la tapa de la freidora de aire y seleccione el modo de horneado, luego ajuste la temperatura a 380 f y el temporizador durante 10 minutos.
7. Servir y disfrutar.

La nutrición:

Calorías 146

Grasa 7,7 g

Carbohidratos 8,8 g

Azúcar 1,2 g

Proteína 12 g

Colesterol 28 mg

Salmón balsámico

Tiempo de preparación: 10 minutos

Tiempo de cocción: 3 minutos

Raciones: 2

Ingredientes:

- 2 filetes de salmón
- 1 taza de agua
- 2 cucharadas de vinagre balsámico
- 1 1/2 cucharadas de miel
- Sal y pimienta

Direcciones:

1. Sazone el salmón con pimienta y sal.
2. Mezclar el vinagre y la miel.
3. Unte los filetes de pescado con la mezcla de vinagre y miel.
4. Transfiera el agua a la freidora y coloque el trébol en la cesta.
5. Coloque los filetes de pescado encima de la trébede.
6. Sellar la freidora y cocinar a alta presión manual durante 3 minutos.

7. En cuanto termine la cocción, libere la presión con el método de liberación rápida y luego abra la tapa.
8. Adornar con perejil y servir.

La nutrición:

Calorías 278

Grasa 7,8 g

Carbohidratos 3,3 g

Azúcar 0,5 g

Proteína 46,8 g

Colesterol 341 mg

Filetes de pescado al Dijon

Tiempo de preparación: 10 minutos

Tiempo de cocción: 3 minutos

Raciones: 2

Ingredientes:

- 2 filetes de fletán
- 1 cucharada de mostaza de Dijon
- 1 1/2 tazas de agua
- Pimienta
- Sal

Direcciones:

1. Transfiera el agua a la freidora de aire y luego coloque la cesta de vapor
2. Sazone los filetes de pescado con pimienta y sal y úntelos con mostaza de Dijon.
3. Coloque los filetes de pescado en la cesta de cocción al vapor.
4. Sellar la freidora y cocinar a alta presión manual durante 3 minutos.
5. Una vez terminada la cocción, libere la presión utilizando el método de liberación rápida y luego abra la tapa.

6. Servir y disfrutar.

La nutrición:

Calorías 323

Grasa 7 g

Carbohidratos 0,5 g

Azúcar 0,1 g

Proteína 60,9 g

Colesterol 93 mg

Cena perfecta de salmón

Tiempo de preparación: 10 minutos

Tiempo de cocción: 2 minutos

Porciones: 3

Ingredientes:

- 1 libra de filete de salmón, cortado en tres trozos
- 2 dientes de ajo picados
- 1/2 cucharadita de comino molido
- 1 cucharadita de chile rojo en polvo
- Sal y pimienta

Direcciones:

1. Descargue 1 1/2 tazas de agua en la freidora de aire y luego coloque el trébol en la olla.
2. En un tazón pequeño, mezcle el ajo, el comino, el chile en polvo, la pimienta y la sal.
3. Frote el salmón con la mezcla de especias y colóquelo sobre la trébede.
4. Sellar la olla con la tapa y cocinar en modo vapor durante 2 minutos.
5. Una vez terminada la cocción, libere la presión utilizando el método de liberación rápida y luego abra la tapa.
6. Servir y disfrutar.

La nutrición:

Calorías 211

Grasa 7 g

Carbohidratos 0,5 g

Azúcar 0,1 g

Proteína 60,9 g

Colesterol 93 mg

Almejas al vapor

Tiempo de preparación: 10 minutos

Tiempo de cocción: 3 minutos

Porciones: 3

Ingredientes:

- 1 libra Almejas de concha blanda
- 2 cucharadas de mantequilla derretida
- 1/4 de taza de vino blanco
- 1/2 cucharadita de ajo en polvo
- 1/4 de taza de zumo de limón fresco

Direcciones:

1. Añada el vino blanco, el zumo de limón, el ajo en polvo y la mantequilla en la freidora.
2. Coloque el trébol en la olla.
3. Colocar las almejas encima de la trébede.
4. Sellar la olla y cocinar a alta presión manual durante 3 minutos.
5. Una vez hecho esto, deje que se libere la presión de forma natural y abra la tapa.
6. Servir y disfrutar.

La nutrición:

Calorías 336

Grasa 7 g

Carbohidratos 0,5 g

Azúcar 0,1 g

Proteína 60,9 g

Calabacín al curry

Tiempo de preparación: 5 minutos

Tiempo de cocción: 8-10 minutos

Ingredientes:

1. 2 Calabacines, lavados y cortados en rodajas
2. 1 cucharada de aceite de oliva
3. Pizca de sal marina
4. Mezcla de curry, ya preparada

Direcciones:

- Encienda su freidora de aire a 390.

- Combine las rodajas de calabacín, la sal, el aceite y las especias.
- Ponga los calabacines en la freidora de aire y cocínelos de ocho a diez minutos.
- Se puede servir solo o con crema agria.

La nutrición:

Calorías: 100

Grasa: 1

Carbohidratos: 4Proteínas

: 2

Patatas fritas de zanahoria saludables

Tiempo de preparación: 5 minutos
Tiempo de cocción: 12-15 minutos
Ingredientes:
- 5Zanahorias grandes
- 1 cucharada de aceite de oliva
- ½ cucharadita de sal marina

Direcciones:
1. Caliente su freidora de aire a 390, y luego lave y pele las zanahorias. Córtalas de forma que se formen patatas fritas.
2. Combine los palitos de zanahoria con el aceite de oliva y la sal, cubriéndolos uniformemente.
3. Colóquelos en la freidora de aire y cocínelos durante doce minutos. Si no están tan crujientes como desea, entonces cocine durante dos o tres minutos más.

4. Servir con crema agria, ketchup o simplemente con su plato principal favorito.

La nutrición:

Calorías: 140

Grasa: 3

Carbohidratos: 6Proteínas

: 7

Patatas rellenas sencillas

Tiempo de preparación: 15 minutos

Tiempo de cocción: 35 minutos

Ingredientes:

- 4Patatas grandes, peladas
- 2Bacon, Rashers
- ½ cebolla morena, cortada en dados
- ¼ de taza de queso rallado

Direcciones:

1. Comience por calentar su freidora a 350.
2. Corta las patatas por la mitad y úntalas con aceite.
3. Póngalas en su freidora de aire y cocínelas durante diez minutos. Cepille las patatas con aceite de nuevo y hornear durante otros diez minutos.
4. Haz un hueco en la patata asada para tenerlas listas para rellenar.
5. En una sartén se saltean el bacon y la cebolla. Hay que hacerlo a fuego medio, añadiendo el queso y removiendo. Retirar del fuego.

6. Rellene las patatas y cocínelas durante cuatro o cinco minutos.

La nutrición:

Calorías: 180

Grasa: 8

Carbohidratos: 10Proteínas

: 11

Zanahorias asadas sencillas

Tiempo de preparación: 5 minutos

Tiempo de cocción: 35 minutos

Ingredientes:

- 4Tazas de zanahorias picadas
- 1 cucharadita de hierbas de Provenza
- 2Cucharadas de aceite de oliva
- 4Cucharadas de zumo de naranja

Direcciones:
1. Comience por precalentar su freidora a 320 grados.
2. Combine los trozos de zanahoria con las hierbas y el aceite.
3. Cocinar de veinticinco a veintiocho minutos.
4. Sácalo y moja los trozos en zumo de naranja antes de freírlos durante siete minutos más.

La nutrición:

Calorías: 125

Grasa: 2

Carbohidratos: 5Proteínas

: 6

Brócoli y queso

Tiempo de preparación: 5 minutos

Tiempo de cocción: 9 minutos

Ingredientes:

- 1 cabeza de brócoli, lavada y picada
- Sal y pimienta al gusto
- 1 cucharada de aceite de oliva
- Queso Cheddar afilado, rallado

Direcciones:

1. Comience por poner su freidora de aire a 360.
2. Combine el brócoli con el aceite de oliva y la sal marina.
3. Colóquelo en la freidora de aire y cocínelo durante seis minutos.
4. Se saca y se cubre con queso, cocinando otros tres minutos.
5. Servir con la proteína de su elección.

La nutrición:

Calorías: 170

Grasa: 5

Carbohidratos: 9Proteínas

: 7

Plátanos fritos

Tiempo de preparación: 5 minutos

Tiempo de cocción: 10 minutos

Raciones: 2

Ingredientes:

- 2 plátanos maduros, pelados y cortados en diagonal en trozos de ½ pulgada de grosor
- 3 cucharadas de ghee derretido
- ¼ de cucharadita de sal kosher

Direcciones

1. Preparar los ingredientes. En un bol, mezclar los plátanos con el ghee y la sal.
2. Freír al aire. Coloque los trozos de plátano en la cesta de la freidora. Ponga la freidora a 400°F durante 8 minutos. Los plátanos están listos cuando están suaves y tiernos por dentro, y tienen bastantes puntos crujientes, dulces y marrones por fuera.

La nutrición:

Calorías: 180

Grasa: 5

Carbohidratos: 10Proteínas

: 7

Espárragos envueltos en tocino

Tiempo de preparación: 5 minutos
Tiempo de cocción: 10 minutos
Porciones: 4
Ingredientes:

- 1 libra de espárragos, recortados (unos 24 tallos)
- 4 rebanadas de tocino o panceta de res
- ½ taza de Aderezo Ranchero para servir
- 3 cucharadas de cebollino fresco picado, para decorar

Direcciones

1. Preparar los ingredientes. Engrase la cesta de la freidora de aire con aceite de aguacate. Precalentar la freidora de aire a 400°F.
2. Corta el bacon por la mitad, haciendo tiras largas y finas. Envuelve 1 loncha de bacon alrededor de 3 espárragos y sujeta cada extremo con un palillo. Repite la operación con el resto del bacon y los espárragos.

3. Freír al aire. Coloque los manojos de espárragos en la freidora de aire en una sola capa. (Si utiliza una freidora de aire más pequeña, cocine en tandas si es necesario). Cocine durante 8 minutos para los tallos finos, 10 minutos para los tallos medianos y gruesos, o hasta que los espárragos estén ligeramente carbonizados en los extremos y el tocino esté crujiente.
4. Servir con aderezo ranchero y decorar con cebollino. Es mejor servirlo fresco.

La nutrición:

Calorías 241;

Grasa 22g;

Proteína 7g;

Total de carbohidratos 6g;

Fibra 3g

Maíz asado al aire libre en la mazorca

Tiempo de preparación: 5 minutos
Tiempo de cocción: 10 minutos
Porciones: 4
Ingredientes:

- 1 cucharada de aceite vegetal
- 4años de maíz
- Mantequilla sin sal, para la cobertura
- Sal, para la cobertura
- Pimienta negra recién molida, para adornar

Direcciones:

1. Preparar los ingredientes. Frote el aceite vegetal sobre el maíz, cubriéndolo bien.
2. Freír con aire. Ajuste la temperatura de su AF a 400°F. Ajuste el temporizador y ase durante 5 minutos.
3. Con unas pinzas, voltear o girar el maíz.
4. Vuelve a poner el temporizador en marcha y asa durante 5 minutos más.
5. Servir con un poco de mantequilla y una generosa pizca de sal y pimienta.

La nutrición:

Calorías: 265;

Grasa: 17g;

Carbohidratos: 29g;

Fibra: 4g;

Azúcar: 5g;

Proteínas: 5g;

Judías verdes y beicon

Tiempo de preparación: 15 minutos

Tiempo de cocción: 20 minutos

Porciones: 4

Ingredientes:

- 3 tazas de judías verdes cortadas congeladas
- 1 cebolla mediana picada
- 3 rebanadas de tocino picado
- ¼ de taza de agua
- Sal Kosher y pimienta negra

Direcciones:

1. Preparación de los ingredientes
2. En una sartén redonda de 6 × 3 pulgadas resistente al calor, combine las judías verdes congeladas, la cebolla, el tocino y el agua. Revuelva para combinar. Coloque la cacerola en la cesta.
3. Freír al aire libre
4. Ponga la freidora de aire a 375°F durante 15 minutos.

5. Suba la temperatura de la freidora a 400°F durante 5 minutos. Sazone las judías con sal y pimienta al gusto y mézclelas bien.
6. Saque la sartén de la cesta de la freidora y cúbrala con papel de aluminio. Deje reposar durante 5 minutos y luego sirva.

La nutrición:

Calorías: 230

Grasa: 10

Carbohidratos: 14Proteínas

: 17

Zanahorias asadas con miel al aire libre

Tiempo de preparación: 5 minutos

Tiempo de cocción: 15 minutos

Porciones: 4

Ingredientes:

- 3 tazas de zanahorias pequeñas

- 1 cucharada de aceite de oliva virgen extra
- 1 cucharada de miel
- Sal
- Pimienta negra recién molida
- Eneldo fresco (opcional)

Direcciones:

1. Preparar los ingredientes. En un bol, combinar la miel, el aceite de oliva, las zanahorias, la sal y la pimienta. Asegúrese de que las zanahorias estén bien cubiertas de aceite. Coloque las zanahorias en la cesta de la freidora de aire.
2. Freír con aire. Ajuste la temperatura de su AF a 390°F. Programe el temporizador y ase durante 12 minutos, o hasta que estén tiernos como un tenedor.
3. Retire el cajón de la freidora y libere la cesta de la freidora. Vierta las zanahorias en una fuente, espolvoree con eneldo, si lo desea, y sirva.

La nutrición:

Calorías: 140

Grasa: 3

Carbohidratos: 7Proteínas

: 9

Col asada al aire libre

Tiempo de preparación: 5 minutos

Tiempo de cocción: 10 minutos

Porciones: 4

Ingredientes:

- 1 cabeza de col, cortada en cintas de 1 pulgada de grosor
- 1 cucharada de aceite de oliva
- sal y pimienta negra recién molida
- 1 cucharadita de ajo en polvo
- 1 cucharadita de copos de pimienta roja

Direcciones

1. Preparar los ingredientes. En un bol, combine el aceite de oliva, la col, la sal, la pimienta, el ajo en polvo y las escamas de pimienta roja. Asegúrese de que la col está bien cubierta de aceite. Coloque la col en la cesta de la freidora.
2. Freír con aire. Ajuste la temperatura de su Air Fryer a 350°F. Programe el temporizador y ase durante 4 minutos.

3. Con unas pinzas, dar la vuelta al repollo. Vuelve a poner el temporizador en marcha y asa durante 3 minutos más.

La nutrición:

Calorías: 100

Grasa: 1

Carbohidratos: 3Proteínas

: 3

Tomates rellenos de burrata

Tiempo de preparación: 5 minutos

Tiempo de cocción: 5 minutos

Porciones: 4

Ingredientes:

- 4tomates medianos
- ½ cucharadita de sal marina fina

- 4 (2 onzas) bolas de Burrata
- Hojas de albahaca fresca, para decorar
- Aceite de oliva virgen extra, para rociar

Direcciones

1. Preparar los ingredientes. Precaliente la freidora de aire a 300°F.
2. Retire las semillas y las membranas de los tomates con un sacabolas o una cuchara. Espolvorear el interior de los tomates con la sal. Rellenar cada tomate con una bola de Burrata.
3. Freír al aire. Poner en la freidora y cocinar durante 5 minutos, o hasta que el queso se haya ablandado.
4. Adornar con aceite de oliva y hojas de albahaca. Servir caliente.

La nutrición:

Calorías 108;

Grasa 7g;

Proteína 6g;

Total de carbohidratos 5g;

Fibra 2g

Brócoli con queso parmesano

Tiempo de preparación: 5 minutos

Tiempo de cocción: 5 minutos

Porciones: 4

Ingredientes:

- 1 libra de flores de brócoli
- 2 cucharadas de ajo picado
- 2 cucharadas de aceite de oliva
- ¼ de taza de queso parmesano rallado o en tiras

Direcciones

1. Preparar los ingredientes. Precalentar la freidora a 360°F. En un tazón, mezcle los floretes de brócoli, el ajo, el aceite de oliva y el queso parmesano.
2. Freír al aire. Coloque el brócoli en la cesta de la freidora de aire en una sola capa y programe el temporizador y cocine al vapor durante 4 minutos.

La nutrición:

Calorías: 130

Grasa: 3

Carbohidratos: 5Proteínas : 4

Brócoli caramelizado

Tiempo de preparación: 5 minutos
Tiempo de cocción: 10 minutos
Porciones: 4
Ingredientes:
- 4 tazas de flores de brócoli
- 3 cucharadas de ghee derretido o aceite de coco con sabor a mantequilla
- 1½ cucharaditas de sal marina fina o sal ahumada
- Mayonesa, para servir (opcional; omitir si no hay huevo)

Direcciones
1. Preparar los ingredientes. Engrase la cesta con aceite de aguacate. Precaliente la freidora de aire a 400°F. Colocar el brócoli en un bol grande. Rocíelo con el ghee, revuélvalo para cubrirlo y espolvoréelo con la sal.
2. Freír al aire. Transfiera el brócoli a la cesta de la freidora de aire y cocine durante 8 minutos, o hasta que esté tierno y crujiente en los bordes.

La nutrición:

Calorías: 120

Grasa: 2

Carbohidratos: 4Proteínas

: 3

Coles de Bruselas con aceite balsámico

Tiempo de preparación: 5 minutos

Tiempo de cocción: 15 minutos

Porciones: 4

Ingredientes:

- ¼ de cucharadita de sal
- 1 cucharada de vinagre balsámico

- 2 tazas de coles de Bruselas, cortadas por la mitad
- 3 cucharadas de aceite de oliva

Direcciones:

1. Preparar los ingredientes. Precalentar la freidora de aire durante 5 minutos. Mezclar todos los ingredientes en un bol hasta que los calabacines fritos estén bien cubiertos.
2. Freír al aire. Colocar en la cesta de la freidora de aire. Cierre y cocine durante 15 minutos para 350°F.

La nutrición:

Calorías: 82;

Grasa: 6,8g;

Proteínas: 1,5g

Calabaza con especias

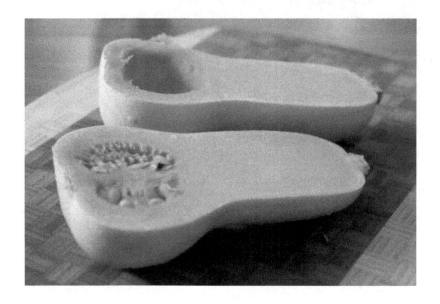

Tiempo de preparación: 10 minutos

Tiempo de cocción: 15 minutos

Porciones: 4

Ingredientes:

- 4 tazas de calabaza de 1 pulgada de grosor
- 2 cucharadas de aceite vegetal
- 1 ó 2 cucharadas de azúcar moreno
- 1 cucharadita de polvo de cinco especias chinas

Direcciones

1. Preparar los ingredientes. En un bol, combinar el aceite, el azúcar, la calabaza y el polvo de cinco especias. Revuelva para cubrir.
2. Coloque la calabaza en la cesta de la freidora.
3. Freír al aire. Poner la freidora de aire a 400°F durante 15 minutos o hasta que estén tiernos.

La nutrición:

Calorías: 160

Grasa: 5

Carbohidratos: 9Proteínas

: 6

Champiñones al ajo y al tomillo

Tiempo de preparación: 5 minutos

Tiempo de cocción: 10 minutos

Porciones: 4

Ingredientes:

- 3 cucharadas de mantequilla sin sal, derretida
- 1 paquete (8 onzas) de champiñones de botón, cortados en rodajas
- 2 dientes de ajo picados
- 3 ramitas de hojas de tomillo fresco
- ½ cucharadita de sal marina fina

Direcciones:

1. Preparar los ingredientes. Engrase la cesta con aceite de aguacate. Precaliente la freidora de aire a 400°F.
2. Coloque todos los ingredientes en un bol de tamaño medio. Utilice una cuchara o sus manos para cubrir las rodajas de champiñón.

3. Freír al aire. Ponga los champiñones en la cesta en una sola capa; trabaje en tandas si es necesario. Cocine durante 10 minutos, o hasta que estén ligeramente crujientes y dorados. Adorne con ramitas de tomillo antes de servir.
4. Vuelva a calentar en una freidora de aire a 350°F durante 5 minutos, o hasta que esté bien caliente.

La nutrición:

Calorías 82;

Grasa 9g;

Proteína 1g;

Total de carbohidratos 1g;

Fibra 0,2g

Chips de calabacín y parmesano

Tiempo de preparación: 10 minutos

Tiempo de cocción: 10 minutos

Porciones: 10

Ingredientes:
- ½ cucharadita de pimentón
- ½ C. de queso parmesano rallado
- ½ C. de pan rallado italiano
- 1 huevo ligeramente batido
- 2 calabacines cortados en rodajas finas

Direcciones:
1. Preparación de los ingredientes. Utilice un cuchillo muy afilado o una mandolina para cortar el calabacín lo más fino posible. Quita la humedad sobrante con una palmadita. Bate el huevo con una pizca de pimienta y sal y un poco de agua.
2. Combine el pimentón, el queso y el pan rallado en un bol. Sumerja las rodajas de calabacín en la mezcla de huevo y luego en la mezcla de pan rallado. Presione suavemente para cubrirlas.

3. Freír al aire. Con aceite de oliva en aerosol, rocíe las rodajas de calabacín cubiertas. Colóquelas en su freidora de aire en una sola capa. Ajuste la temperatura a 350°F y el tiempo a 8 minutos. Espolvoree con sal y sirva con salsa.

La nutrición:

Calorías: 130

Grasa: 2

Carbohidratos: 5Proteínas

: 3

Patatas fritas con jícama

Tiempo de preparación: 10 minutos

Tiempo de cocción: 5 minutos

Porciones: 4

Ingredientes:

- 1 cucharada de tomillo seco
- ¾ C. de harina de arrurruz
- ½ Jicama grande
- Huevos

Direcciones:

1. Preparación de los ingredientes. Cortar la jícama en rodajas para que se convierta en papas fritas.
2. Bata los huevos y viértalos sobre las papas fritas. Revuelva para cubrirlas.
3. Mezcle una pizca de sal, tomillo y harina de arrurruz. Mezcle la jícama cubierta de huevo en la mezcla seca, revolviendo para cubrirla bien.

4. Freír al aire. Rocíe la cesta de la freidora de aire con aceite de oliva y añada las patatas fritas. Ajuste la temperatura a 350°F y el tiempo a 5 minutos. Revuelva a mitad del proceso de cocción.

La nutrición:

Calorías: 211;

Grasa: 19g;

Carbohidratos: 16g;

Proteínas:9g

Corteza de pizza de coliflor

Tiempo de preparación: 5 minutos

Tiempo de cocción: 20 minutos

Porciones: 6

Ingredientes:

- 1(12-oz.) Bolsa de coliflor al vapor
- 1 huevo grande.
- ½ taza de queso cheddar fuerte rallado.
- 2 cucharadas de harina de almendra blanqueada y finamente molida
- 1 cucharadita de condimento de mezcla italiana

Direcciones:

1. Cocinar la coliflor según el paquete. Saca la coliflor de la bolsa y colócala en una toalla de papel para eliminar el exceso de agua. Colocar la coliflor en un bol grande.
2. Añadir la harina de almendras, el queso, el huevo y el condimento italiano al bol y mezclar bien

3. Corta un trozo de pergamino para que quepa en la cesta de la freidora. Presione la coliflor en un círculo de 6 pulgadas. Colóquela en la cesta de la freidora. Ajuste la temperatura a 360 grados f y programe el temporizador para 11 minutos. Después de 7 minutos, voltee la corteza de la pizza
4. Añada los ingredientes preferidos a la pizza. Vuelva a colocarla en la cesta de la freidora y cocínela durante 4 minutos más o hasta que esté completamente cocida y dorada. Sirva inmediatamente.

La nutrición:

Calorías: 230;

Proteínas: 14,9g;

Fibra: 4,7g;

Grasa: 14,2g;

Carbohidratos: 10.0g

Col de Milán y tomates

Tiempo de preparación: 5 minutos

Tiempo de cocción: 20 minutos

Porciones: 4

Ingredientes:

- 2 cebollas tiernas; picadas.
- 1 col de Milán, rallada
- 1 cucharada de perejil picado.
- 2 cucharadas de salsa de tomate
- Sal y pimienta negra al gusto.

Direcciones:
1. En una sartén que se adapte a su freidora, mezcle el repollo con el resto de los ingredientes, excepto el perejil, revuelva, ponga la sartén en la freidora y cocine a 360°f durante 15 minutos
2. Repartir en los platos y servir con perejil espolvoreado por encima.

La nutrición:

Calorías: 163;

Grasa: 4g;

Fibra: 3g;

Carbohidratos: 6g;

Proteínas: 7g

Filete de coliflor

Tiempo de preparación: 5 minutos
Tiempo de cocción: 10 minutos
Porciones: 4
Ingredientes:

- 1 cabeza de coliflor mediana
- ¼ de taza de queso azul desmenuzado
- ¼ de taza de salsa picante
- ¼ de taza de aderezo ranchero completo
- 2 cucharadas de mantequilla salada derretida.

Direcciones:

1. Quitar las hojas de la coliflor. Cortar la cabeza en rodajas de ½ pulgada de grosor.
2. En un bol pequeño, mezclar la salsa picante y la mantequilla. Unte la mezcla sobre la coliflor.
3. Coloque cada filete de coliflor en la freidora de aire, trabajando en lotes si es necesario. Ajuste la temperatura a 400 grados f y programe el temporizador para 7 minutos

4. Cuando estén cocidos, los bordes comenzarán a oscurecerse y caramelizarse. Para servir, espolvoree los filetes con queso azul desmenuzado. Rocíe con el aderezo ranchero.

La nutrición:

Calorías: 122;

Proteínas: 4,9g;

Fibra: 3,0g;

Grasa: 8,4g;

Carbohidratos: 7,7g

Tomate, aguacate y judías verdes

Tiempo de preparación: 5 minutos

Tiempo de cocción: 20 minutos

Porciones: 4

Ingredientes:

- ¼ lb. de judías verdes, recortadas y cortadas por la mitad
- 1 aguacate, pelado, sin hueso y cortado en cubos
- 1 pinta de tomates cherry mixtos; cortados por la mitad
- 2 cucharadas de aceite de oliva

Direcciones:

1. En una sartén que se ajuste a su freidora de aire, mezcle los tomates con el resto de los ingredientes, revuelva.
2. oner la sartén en la freidora y cocinar a 360°f durante 15 minutos. Pasar a cuencos y servir

La nutrición:

Calorías: 151;

Grasa: 3g;

Fibra: 2g;

Carbohidratos: 4g;

Proteínas: 4g

Judías verdes con eneldo y ajo

Tiempo de preparación: 5 minutos

Tiempo de cocción: 20 minutos

Porciones: 4

Ingredientes:

- 1 libra Judías verdes, recortadas
- ½ taza de tocino, cocido y picado.
- 2 dientes de ajo picados

- 2 cucharadas de eneldo picado.
- Sal y pimienta negra al gusto.

Direcciones:

1. En una sartén que se adapte a la freidora de aire, combine las judías verdes con el resto de los ingredientes, revuelva.
2. Poner la sartén en la freidora y cocinar a 390°f durante 15 minutos
3. Repartir todo entre los platos y servir.

La nutrición:

Calorías: 180;

Grasa: 3g;

Fibra: 2g;

Carbohidratos: 4g;

Proteínas: 6g

Apilamiento de berenjenas

Tiempo de preparación: 5 minutos

Tiempo de cocción: 15 minutos

Porciones: 4

Ingredientes:

- 2 tomates grandes; cortados en rodajas de ¼ de pulgada
- ¼ de taza de albahaca fresca, cortada en rodajas
- 4oz. Mozzarella fresca; cortada en rodajas de ½ onza.
- 1 berenjena mediana; cortada en rodajas de ¼ de pulgada
- 2 cucharadas de aceite de oliva

Direcciones:

1. En una fuente de horno redonda de 15 cm, coloque cuatro rodajas de berenjena en el fondo. Ponga a rebanada de tomate en cada ronda de berenjena, luego mozzarella, luego berenjena. Repita las veces que sea necesario.

2. Rocíe con aceite de oliva. Cubra el plato con papel de aluminio y colóquelo en la cesta de la freidora. Ajuste la temperatura a 350 grados F y programe el temporizador para 12 minutos.
3. Cuando esté hecha, la berenjena estará tierna. Adorne con albahaca fresca para servir.

La nutrición:

Calorías: 195;

Proteínas: 8,5g;

Fibra: 5,2g;

Grasa: 12,7g;

Carbohidratos: 12,7g

Espaguetis fritos al aire libre

Tiempo de preparación: 5 minutos

Tiempo de cocción: 50 minutos

Porciones: 4

Ingredientes:

- ½ calabaza grande para espaguetis
- 2 cucharadas de mantequilla salada derretida.
- 1 cucharada de aceite de coco
- 1 cucharada de perejil seco.
- ½ cucharadita de ajo en polvo.

Direcciones:

1. Unte la cáscara de los espaguetis con aceite de coco. Colocar la piel hacia abajo y pincelar el interior con mantequilla. Espolvorear con ajo en polvo y perejil.
2. Coloque la calabaza con la piel hacia abajo en la cesta de la freidora. Ajuste la temperatura a 350 grados f y programe el temporizador para 30 minutos

3. Cuando suene el temporizador, déle la vuelta a la calabaza para que la piel quede hacia arriba y cocine 15 minutos más o hasta que esté tierna. Sirva caliente.

La nutrición:

Calorías: 182;

Proteínas: 1,9g;

Fibra: 3,9g;

Grasa: 11,7g;

Carbohidratos: 18,2g

Ensalada de remolacha y queso azul

Tiempo de preparación: 10 minutos

Tiempo de cocción: 15 minutos

Porciones: 6

Ingredientes:

- 6 remolachas, peladas y cortadas en cuartos
- Sal y pimienta negra al gusto
- ¼ de taza de queso azul desmenuzado
- 1 cucharada de aceite de oliva

Direcciones:

1. Ponga las remolachas en su freidora de aire, cocínelas a 350 grados F durante 14 minutos y páselas a un bol. Agregue el queso azul, la sal, la pimienta y el aceite, mezcle y sirva. Disfrute.

La nutrición:

Calorías 100,

Grasa 4,

Fibra 4,

Carbohidratos 10,

Proteína 5

Ensalada de brócoli

Tiempo de preparación: 10 minutos

Tiempo de cocción: 10 minutos

Porciones: 4

Ingredientes:

- 1 cabeza de brócoli, con los ramilletes separados
- 1 cucharada de aceite de cacahuete
- 6 dientes de ajo picados
- 1 cucharada de vinagre de arroz chino
- Sal y pimienta negra al gusto

Direcciones:

1. En un tazón, mezcle el brócoli con la mitad del aceite con sal, pimienta y, revuelva, transfiera a su freidora de aire y cocine a 350 grados F durante 8 minutos. A mitad de camino, agite la freidora. Saque el brócoli y póngalo en una ensaladera, añada el resto del aceite de cacahuete, el ajo y el vinagre de arroz, mezcle muy bien y sirva. Que aproveche.

La nutrición:

Calorías 121,

Grasa 3,

Fibra 4,

Carbohidratos 4,

Proteína 4

Coles de Bruselas asadas con tomate

Tiempo de preparación: 5 minutos

Tiempo de cocción: 10 minutos

Porciones: 4

Ingredientes:

- 1 libra de coles de Bruselas, recortadas

- Sal y pimienta negra al gusto
- 6 tomates secos, cortados por la mitad
- ¼ de taza de cebollas verdes picadas
- 1 cucharada de aceite de oliva

Direcciones:

1. Sazona las coles de Bruselas con sal y pimienta, ponlas en tu freidora de aire y cocínalas a 350 grados F durante 10 minutos. Pásalas a un bol, añade sal, pimienta, tomates cherry, cebollas verdes y aceite de oliva, revuelve bien y sirve. Que lo disfrutes!

La nutrición:

Calorías 121,

Grasa 4,

Fibra 4,

Carbohidratos 11,

Proteína 4

Coles de Bruselas con queso

Tiempo de preparación: 10 minutos

Tiempo de cocción: 10 minutos

Porciones: 4

Ingredientes:

- 1 libra de coles de Bruselas, lavadas
- Zumo de 1 limón
- Sal y pimienta negra al gusto
- 2 cucharadas de mantequilla
- 3 cucharadas de parmesano rallado

Direcciones:

1. Ponga las coles de Bruselas en su freidora de aire, cocínelas a 350 grados F durante 8 minutos y páselas a un bol. Calienta una sartén a fuego moderado con la mantequilla, luego añade el zumo de limón, la sal y la pimienta, bate bien y añade a las coles de Bruselas. Agrega el parmesano, revuelve hasta que el parmesano se derrita y sirve. Que aproveche.

La nutrición:

Calorías 152,

La grasa 6,

Fibra 6,

Carbohidratos 8,

Proteína 12

Plato de zanahorias baby dulces

Tiempo de preparación: 10 minutos

Tiempo de cocción: 10 minutos

Porciones: 4

Ingredientes:

- 2 tazas de zanahorias pequeñas

- Una pizca de sal y pimienta negra
- 1 cucharada de azúcar moreno
- ½ cucharada de mantequilla derretida

Direcciones:

1. En un plato que se ajuste a su freidora de aire, mezcle las zanahorias baby con la mantequilla, la sal, la pimienta y el azúcar, mezcle, introduzca en su freidora de aire y cocine a 350 grados F durante 10 minutos. Divida entre los platos y sirva. Disfrute.

La nutrición:

Calorías 100,

Grasa 2,

Fibra 3,

Carbohidratos 7,

Proteína 4

Puerros sazonados

Tiempo de preparación: 10 minutos

Tiempo de cocción: 10 minutos

Porciones: 4

Ingredientes:

- 4 puerros, lavados, cortados por la mitad
- Sal y pimienta negra al gusto

- 1 cucharada de mantequilla derretida
- 1 cucharada de zumo de limón

Direcciones:

1. Unte los puerros con mantequilla derretida, sazone con sal y pimienta, póngalos en su freidora de aire y cocínelos a 350 grados F durante 7 minutos. Colóquelos en un plato, rocíe con jugo de limón y sirva. Que aproveche.

La nutrición:

Calorías 100,

Grasa 4,

Fibra 2,

Carbohidratos 6,

Proteína 2

Patatas crujientes y perejil

Tiempo de preparación: 10 minutos

Tiempo de cocción: 10 minutos

Porciones: 4

Ingredientes:

- 1 libra de patatas doradas, cortadas en trozos
- Sal y pimienta negra al gusto
- 2 cucharadas de oliva
- Zumo de ½ limón
- ¼ de taza de hojas de perejil picadas

Direcciones:

1. Frote las patatas con sal, pimienta, zumo de limón y aceite de oliva, póngalas en su freidora de aire y cocínelas a 350 grados F durante 10 minutos. Reparte en los platos, espolvorea perejil por encima y sirve. Que aproveche.

La nutrición:

Calorías 152,

Grasa 3,

Fibra 7,

Carbohidratos 17,

Proteína 4

Tomates con ajo

Tiempo de preparación: 10 minutos

Tiempo de cocción: 15 minutos

Porciones: 4

Ingredientes:

- 4 dientes de ajo machacados
- 1 libra de tomates cherry mixtos
- 3 manantiales de tomillo, picados
- Sal y pimienta negra al gusto
- ¼ de taza de aceite de oliva

Direcciones:
1. En un tazón, mezcle los tomates con sal, pimienta negra, ajo, aceite de oliva y tomillo, revuelva para cubrirlos, introduzca en su freidora de aire y cocine a 360 grados F durante 15 minutos. Divida la mezcla de tomates en los platos y sirva. Disfrute.

La nutrición:

Calorías 100,

Grasa 0,

Fibra 1,

Carbohidratos 1,

Proteína 6

Judías verdes y patatas fáciles

Tiempo de preparación: 10 minutos

Tiempo de cocción: 15 minutos

Porciones: 5

Ingredientes:

- 2 libras de judías verdes
- 6patatas nuevas, cortadas por la mitad
- Sal y pimienta negra al gusto
- Un chorrito de aceite de oliva
- 6 lonchas de jamón cocido y picado

Direcciones:

1. En un bol, mezcle las judías verdes con las patatas, la sal, la pimienta y el aceite, mézclelas, páselas a la freidora y cocínelas a 390 grados F durante 15 minutos. Divida en platos y sirva con tocino espolvoreado por encima. Que aproveche.

La nutrición:

Calorías 374,

Grasa 15,

Fibra 12,

Carbohidratos 28,

Proteína 12

Judías verdes y tomates

Tiempo de preparación: 10 minutos

Tiempo de cocción: 15 minutos

Porciones: 4

Ingredientes:

- 1 pinta de tomates cherry
- 1 libra de judías verdes
- 2 cucharadas de aceite de oliva
- Sal y pimienta negra al gusto

Direcciones:

1. En un bol, mezcle los tomates cherry con las judías verdes, el aceite de oliva, la sal y la pimienta, mezcle, transfiera a su freidora de aire y cocine a 400 grados F durante 15 minutos. Divida entre los platos y sirva de inmediato. Disfrute.

La nutrición:

Calorías 162,

La grasa 6,

Fibra 5,

Carbohidratos 8,

Proteína 9

Espárragos aromatizados

Tiempo de preparación: 5 minutos

Tiempo de cocción: 30 minutos

Raciones: 2

Ingredientes:

- Levadura nutricional
- Aceite de oliva en spray antiadherente
- Un manojo de espárragos

Direcciones:

1. Lavar los espárragos y cortar los extremos leñosos y tupidos.

2. Rocíe los espárragos con aceite de oliva en spray y espolvoree la levadura. En su freidora de aire, coloque los espárragos en una capa singular. Cocine 8 minutos a 360 grados.

La nutrición:

Calorías: 17 Cal

Grasa: 4 g

Carbohidratos: 32 g

Proteínas: 24 g

Patatas fritas con aguacate

Tiempo de preparación: 5 minutos

Tiempo de cocción: 5 minutos

Porciones: 6

Ingredientes:

- 1 aguacate
- ½ cucharadita de sal
- ½ C. de pan rallado panko
- Líquido de judías (aquafaba) de una lata de 15 onzas de judías blancas o garbanzos

Direcciones:

1. Pele, deshuese y corte el aguacate en rodajas. Mezcle la sal y el pan rallado en un bol. Poner el aquafaba en otro bol. Pase las rodajas de aguacate primero por el aquafaba y luego por el panko, asegurándose de obtener una capa uniforme. Coloque las rodajas de aguacate recubiertas en una sola capa en la freidora de aire. Cocinar 5 minutos a 390 grados, agitando a los 5 minutos. Servir con su salsa favorita.

La nutrición:

Calorías: 102

Grasa: 22g

Proteínas: 9g

Azúcar: 1g

Tots de espagueti de calabaza

Tiempo de preparación: 5 minutos

Tiempo de cocción: 15 minutos

Porciones: 10

Ingredientes:

- ¼ de cucharadita de pimienta
- ½ cucharadita de sal
- 1 cebolleta en rodajas finas
- 1 espagueti de calabaza

Direcciones:

1. Lavar y cortar la calabaza a lo largo. Raspar las semillas. Con un tenedor, retira la carne de los espaguetis por las hebras y tira las pieles. En una toalla limpia, echar la calabaza y escurrir toda la humedad posible. Colocar en un bol y con un cuchillo cortar la carne un par de veces para hacerla más pequeña. Añade pimienta, sal y cebolletas a la calabaza y mezcla bien. Forme "tot" con las manos y colóquelo en la freidora de aire. Rocíe con aceite de oliva. Cocinar 15 minutos a 350 grados hasta que estén dorados y crujientes.

La nutrición:

Calorías: 231

Grasa: 18g

Proteínas: 5g

Azúcar: 0g

Patatas fritas de calabaza a la canela

Tiempo de preparación: 10 minutos
Tiempo de cocción: 10 minutos
Raciones: 2
Ingredientes:
- 1 pizca de sal
- 1 cucharada de azúcar en polvo sin procesar

- 2 cucharaditas de canela
- 1 cucharada de aceite de coco
- 10 onzas de patatas fritas de calabaza precortadas

Direcciones:

1. En una bolsa de plástico, vierta todos los ingredientes. Cubra las patatas fritas con los demás componentes hasta que estén cubiertas y el azúcar se haya disuelto. Extienda las patatas fritas recubiertas en una sola capa en la freidora de aire. Cocine 10 minutos a 390 grados hasta que estén crujientes.

La nutrición:

Calorías: 175

Grasa: 8g

Proteínas: 1g

Azúcar: 5g

Pimientos de limón

Tiempo de preparación: 20 minutos

Tiempo de cocción: 15 minutos

Porciones: 4

Ingredientes:

- 1 ½ lb. de pimientos mixtos; cortados por la mitad y sin pepitas
- 2 cucharadas de zumo de limón
- 2 cucharadas de vinagre balsámico
- 2 cucharaditas de ralladura de limón
- Un puñado de perejil; picado.

Direcciones:

1. Coloca los pimientos en la cesta de tu freidora de aire y cocínalos a 350°f durante 15 minutos. Pele los pimientos, mézclelos con el resto de los ingredientes, mezcle y sirva

La nutrición:

Calorías: 151;

Grasa: 2g;

Fibra: 3g;

Carbohidratos: 5g;

Proteínas: 5g

Plan de comidas de 30 días

Día	Desayuno	Comida/cena	Postre
1	Sartén de camarones	Rollos de espinacas	Tarta de crepes de matcha
2	Yogur de coco con semillas de chía	Pliegues de queso de cabra	Mini tartas de calabaza con especias
3	Pudín de chía	Tarta de crepes	Barras de frutos secos
4	Bombas de grasa de huevo	Sopa de coco	Pastel de libra
5	Mañana "Grits"	Tacos de pescado	Receta de Tortilla Chips con Canela

6	Huevos escoceses	Ensalada Cobb	Yogur de granola con bayas
7	Sándwich de bacon	Sopa de queso	Sorbete de bayas
8	Noatmeal	Tartar de atún	Batido de coco y bayas
9	Desayuno al horno con carne	Sopa de almejas	Batido de plátano con leche de coco
10	Desayuno Bagel	Ensalada de carne asiática	Batido de mango y piña
11	Hash de huevo y verduras	Keto Carbonara	Batido verde de frambuesa
12	Sartén vaquera	Sopa de coliflor con semillas	Batido de bayas cargadas
13	Quiche de feta	Espárragos envueltos en prosciutto	Batido de papaya, plátano y col

			rizada
14	Tortitas de bacon	Pimientos rellenos	Batido de naranja verde
15	Gofres	Berenjenas rellenas de queso de cabra	Batido doble de bayas
16	Batido de chocolate	Curry Korma	Barras de proteínas energizantes
17	Huevos en sombreros de hongos Portobello	Barras de calabacín	Brownies dulces y con nueces
18	Bombas de grasa de matcha	Sopa de setas	Keto Macho Nachos
19	Keto Smoothie Bowl	Champiñones Portobello rellenos	Gelato de mantequilla de cacahuete, choco y plátano con

			menta
20	Tortilla de salmón	Ensalada de lechuga	Melocotones con canela y yogur
21	Hash Brown	Sopa de cebolla	Paleta de pera y menta con miel
22	Cazuela Bangin' de Black	Ensalada de espárragos	Batido de naranja y melocotón
23	Tazas de tocino	Tabbouleh de coliflor	Batido de manzana con especias y coco
24	Huevos con espinacas y queso	Salpicao de ternera	Batido dulce y de nueces
25	Taco Wraps	Alcachofa rellena	Batido de jengibre y bayas
26	Donas de café	Rollos de espinacas	Batido apto para

			vegetarianos
27	Tortilla de huevo al horno	Pliegues de queso de cabra	Batido de ChocNut
28	Risotto de rancho	Tarta de crepes	Batido de coco y fresa
29	Huevos escoceses	Sopa de coco	Batido de espinacas y bayas
30	Huevos fritos	Tacos de pescado	Batido de postre cremoso

Conclusión

Gracias por haber llegado hasta el final de este libro. Una freidora de aire es una adición relativamente nueva a la cocina, y es fácil ver por qué la gente se entusiasma con su uso. Con una freidora de aire, puede hacer patatas fritas crujientes, alas de pollo, pechugas de pollo y filetes en minutos. Hay muchos alimentos deliciosos que puedes preparar sin añadir aceite o grasa a tu comida. Una vez más, asegúrese de leer las instrucciones de su freidora de aire y de seguir las normas de uso y mantenimiento adecuados. Una vez que su freidora de aire esté en buenas condiciones de funcionamiento, puede ser realmente creativo y comenzar a experimentar su camino hacia la comida saludable que sabe muy bien.

Eso es todo. ¡Gracias!